Marilyn Monroe

Por United Library

https://campsite.bio/unitedlibrary

Índice

Descargo de responsabilidad

Este libro biográfico es una obra de no ficción basada en la vida pública de una persona famosa. El autor ha utilizado información de dominio público para crear esta obra. Aunque el autor ha investigado a fondo el tema y ha intentado describirlo con precisión, no pretende ser un estudio exhaustivo del mismo. Las opiniones expresadas en este libro son exclusivamente las del autor y no reflejan necesariamente las de ninguna organización relacionada con el tema. Este libro no debe tomarse como un aval, asesoramiento legal o cualquier otra forma de consejo profesional. Este libro se ha escrito únicamente con fines de entretenimiento.

Introducci

Los lectores de Marilyn
adentrarse en la cautiv
Jeane Mortenson, la ac
estadounidense que tr
convertirse en un símbolo imperecedero del glamour, la
sensualidad y los tiempos cambiantes de los años
cincuenta y principios de los sesenta.

Nacida y criada en Los Ángeles en circunstancias difíciles,
el viaje de Marilyn Monroe desde una infancia
problemática en hogares de acogida hasta convertirse en
una leyenda de Hollywood es un testimonio de su
resistencia y determinación. El libro recorre sus primeros
años, desde su matrimonio adolescente hasta su entrada
fortuita en el mundo del modelaje pin-up y los contratos
cinematográficos con los grandes estudios.

El meteórico ascenso de Monroe al estrellato se retrata
vívidamente, centrándose en su transformación en la
"bomba rubia" por excelencia. Sus papeles icónicos en
películas como "Los caballeros las prefieren rubias" y
"Cómo casarse con un millonario" consolidaron su estatus
de tesoro cinematográfico, mientras que su vida personal
y la gestión de su imagen añadieron capas de complejidad
a su personaje público.

El libro explora la influencia de Monroe en la cultura popular, su gestión estratégica de la imagen y sus esfuerzos pioneros al fundar su propia productora cinematográfica. Profundiza en su dedicación al método de actuación y en sus interpretaciones aclamadas por la crítica en películas como "Bus Stop" y "Some Like It Hot".

Sin embargo, la vida de Monroe estuvo lejos de ser perfecta, marcada por la adicción, los trastornos del estado de ánimo y los matrimonios de alto nivel. Su trágica muerte a los 36 años conmocionó al mundo y dejó un legado que sigue cautivando al público e inspirando a artistas.

"Este libro ofrece una visión íntima de la mujer que se esconde tras la leyenda, celebrando su extraordinario talento, su belleza y el perdurable encanto que la convierten en un icono de la Edad de Oro de Hollywood.

Marilyn Monroe

Marilyn Monroe ([ˈmɛəɹɪlɪn mənˈɹoʊ]) fue una actriz, modelo y cantante estadounidense, nacida el 1er de junio de 1926 en Los Ángeles y fallecida el 4 de agosto de 1962 en la misma ciudad.

Al principio se dedicó al modelaje, pero Ben Lyon se fijó en ella y firmó su primer contrato como actriz con la 20th Century Fox en agosto de 1946. A principios de los años 50, se convirtió en una estrella de Hollywood y un símbolo sexual. Sus mayores éxitos cinematográficos fueron *Les hommes préfèrent les blondes* (1953), *Sept Ans de réflexion* (1955) y *Certains l'aiment chaud* (1959), por la que ganó el Globo de Oro a la mejor actriz de comedia en 1960.

A pesar de su gran fama, su carrera la dejó insatisfecha y su vida privada fue inestable y llena de incertidumbre. Fracasó en su matrimonio con la estrella del béisbol Joe DiMaggio y con el escritor Arthur Miller. Desde entonces, su papel ha sido interpretado por destacadas actrices de generaciones posteriores: Isabelle Adjani, Emmanuelle Seigner, Maggie Civantos, Michelle Williams y Ana de Armas.

Biografía

Ancestry

Los tatarabuelos de Marilyn Monroe fueron George Willis Hogan, nacido en 1823 en Kentucky (hijo de Zachariah Hogan y Delilah Marksberry), y Sarah Ann Owen, nacida en 1823 en Virginia (hija de Edward Owen). Se casaron el 11 de marzo de 1843. Tuvieron un hijo, Tilford Marion Hogan, y una hija, Mary Ann (1844-1930).

Los bisabuelos de Marilyn fueron Tilford Marion Hogan (1851-1933) y Charlotte Virginia (Jennie) Nance (1857-?). Se casaron en 1870 y vivieron en Misuri. Tuvieron cuatro hijos, incluida Della, la segunda en nacer. Los otros tres hijos fueron Dora, Myrtle y William Marion.

Della (1876-1927, hija de Tilford y Jennie) se casó en 1899 con Otis Elmer Monroe, un pintor de casas diez años mayor que ella. Se marcharon a México para trabajar en una compañía ferroviaria, donde a ella le habían prometido un buen sueldo, antes de regresar a California en 1903 en busca de un trabajo mejor en la Pacific Electric Railway. En 1902, cuando aún estaban en México, nació Gladys (la madre de Marilyn). En 1905, otro niño se unió a la familia, Marion (1905-?).

Entre 1903 y 1909, la familia se mudó una docena de veces, llevando una vida precaria e inestable. A partir de 1907, la salud de Otis se deterioró. Hospitalizado en 1908, murió en 1909 de sífilis neurológica (parálisis general progresiva), contraída a consecuencia de las deplorables condiciones higiénicas que había experimentado en México, donde la enfermedad era epidémica. Fue enterrado en Whittier. Della se volvió a casar dos veces y luego se divorció. Sufrió problemas de salud. Su hijo Marion se casó con una amiga del colegio. Della murió de insuficiencia cardiaca el 23 de agosto de 1927.

La madre de Marilyn, Gladys Pearl Baker Mortensen Monroe (27 de mayo de 1902 - 11 de marzo de 1984), nacida en México de padres estadounidenses, trabajó como montadora en Consolidated Film Industries (en).

El 17 de mayo de 1917 se casó con John Newton "Jasper" Baker, cuyo apellido adoptó Marilyn en 1938. La pareja tuvo dos hijos: Robert Kermit "Jack" (nacido el 24 de enero de 1918) y Berniece Inez Gladys Baker Miracle (nacida el 30 de julio de 1919). El 20 de junio de 1921, ella solicitó el divorcio por "crueldad y crueldad mental", pero a cambio fue acusada de "comportamiento indecente y lujuria". El divorcio se concedió el 11 de mayo de 1923. Gladys obtuvo la custodia de sus hijos pero, incapaz de cuidarlos, se vio obligada a dejarlos con su padre, que se había trasladado a Kentucky y se había vuelto a casar.

Robert murió el 16 de agosto de 1933 a la edad de 15 años. En cuanto a Berniece, no se reunió con su madre hasta 1939, cuando fue internada en el hospital estatal de Agnews por esquizofrenia; fue en esta ocasión cuando se enteró de la existencia de su hermanastra, Norma Jeane. Marilyn nunca conoció a su hermanastro Hermitt Jack; en cambio, a su hermanastra Berniece la vio por primera vez en 1944 en Tennessee.

Gladys tuvo tantas aventuras de una noche como problemas psicológicos y de salud, por lo que Marilyn nunca conoció la identidad de su verdadero padre. Martin Edward Mortensen, nacido en 1897 y fallecido en 1981, fue el padre oficial que figura en el certificado de nacimiento de Marilyn Monroe. Se casó con Gladys el 11 de octubre de 1924; la pareja se separó en agosto de 1925.

Infancia y adolescencia

Marilyn Monroe nació el 1er de junio de 1926 en el Hospital General de Los Ángeles, California, con el nombre de **Norma Jeane Mortenson** (en lugar de Mortensen, ya que el encargado del registro cometió un error ortográfico)'''' . Sin embargo, fue bautizada como **Norma Jeane Baker**. Aunque algunas fuentes afirman que el nombre Norma Jeane procedía de la admiración de Gladys por las actrices Norma Talmadge y Jean Harlow, su hermana, Berniece Baker Miracle, escribe en su biografía de Marilyn que su madre se inspiró en el nombre de la hija de una amiga, Norma Jean Cohen Seidman. Añadió una "e" a Jean, como era costumbre en California. Sin embargo, Marilyn prefirió deletrearlo "Norma Jean".

En el certificado de nacimiento figuran los nombres de su madre, Gladys Monroe, y de su entonces marido, Martin Edward Mortensen (1897-1981)', un californiano de origen noruego que trabajaba como lector de contadores de gas. La pareja se casó el 11 de octubre de 1924, pero se separó en mayo de 1925 (un año antes del nacimiento de Marilyn); Mortensen obtuvo el divorcio el 15 de agosto de 1928 por "abandono".

Aunque es hija legítima', Marilyn ha negado toda su vida que Mortensen sea su padre. Cuando era niña, su madre le enseñó una fotografía del que se suponía que era su padre. Lo recuerda con un bigote fino y un cierto parecido a Clark Gable'. Tras una larga investigación del documentalista francés François Pomès, se resolvió el enigma de la identidad del padre biológico de Marilyn Monroe. En 2021, la secuenciación del ADN de muestras de pelo de la estrella tomadas en su autopsia y de una muestra de saliva demostró que era hija biológica de Charles Stanley Gifford (1898-1965), capataz de Consolidated Films Industries, algo que varios biógrafos llevaban años postulando". Mientras tramitaba su divorcio, Gladys tuvo aventuras con varios hombres, entre ellos Gifford, su superior en Consolidated, y se quedó embarazada. Gifford se casó, pero se negó a reconocer al niño. Por ello, Marilyn fue inscrita a nombre del entonces marido oficial de su madre, Edward Mortensen. Stanley Gifford se negó a reconocer relación alguna con Marilyn o Gladys hasta su muerte.

Durante mucho tiempo, Gladys, internada regularmente a causa de sus trastornos esquizofrénicos con delirios paranoides, fue incapaz de cuidar de su hija, que fue colocada en una familia de acogida' y luego en un orfanato. En los primeros días de su creciente fama, Marilyn fingió que su madre había muerto, antes que admitir que vivía en una institución psiquiátrica. También exageró durante mucho tiempo sobre su infancia, añadiendo o suprimiendo ciertos hechos para ganarse la simpatía del público.

Durante los primeros siete años de su vida, Norma Jeane estuvo al cuidado de Albert e Ida Bolender, vecinos de su abuela Della, en Hawthorne (California). En su autobiografía, Marilyn menciona que no sabía quién era "esa señora pelirroja" (su madre) que la visitaba de vez en cuando durante este periodo. En 1933, pudo vivir un tiempo con Gladys, que alquiló una habitación a los Atkinson en la calle Arbol (Hollywood), pero fue internada al año siguiente tras otro ataque de histeria. En 1935, Grace McKee, compañera de piso, colega de trabajo y mejor amiga de Gladys, pidió ser la tutora de Marilyn, lo que se hizo oficial el 27 de marzo de 1936.

Estudió en el instituto Van Nuys de Los Ángeles. A finales de 1940, Marilyn conoció a Eleanor "Bebe" Goddard, la hija del marido de Grace McKee, Doc Goddard. Mucho después de la muerte de la actriz, Eleanor contó en una exposición dedicada a Marilyn que muchas de las anécdotas de Monroe sobre las penurias de la infancia - los azotes, la criada, el hambre y los múltiples hogares de acogida [ref. necesaria] _ habían sido en realidad tomadas prestadas por la estrella de las primeras experiencias de Goddard. Sin embargo, ella no se lo reprochó. Después de que su padre y Grace McKee se marcharan a Virginia Occidental, Bebe siguió enviándole cartas.

En 1941, Norma Jeane conoció a James "Jim" Dougherty, un vecino cinco años mayor que ella y trabajador de una fábrica Lockheed creada por el actor Reginald Denny. Grace organizó la boda, que tuvo lugar el 19 de junio de 1942, pocos días después de su decimosexto cumpleaños. Un año después, tras abandonar los estudios, Jim se alistó en la marina mercante y en 1944 en una tripulación de B-17 sobre Alemania, antes de volver a la vida civil en la policía de Los Ángeles. Norma Jeane trabajó en la ignifugación de aviones y alas de drones y en la inspección de paracaídas para la Radioplane Company (en). Fue en esta fábrica donde fue vista por los fotógrafos militares.

En 1944, se reunió por primera vez con su hermanastra, Bernice Baker Miracle, en Tennessee, ya que su hermanastro, Hermitt Jack, ya había fallecido. Su primera foto casi profesional fue tomada el 26 de junio de 1945 por David Conover (en), un fotógrafo del ejército estadounidense para la revista *Yank, como parte* de una campaña del ejército estadounidense para ilustrar la participación de las mujeres en el esfuerzo bélico. Apareció bajo el seudónimo de "Norma Jeane Dougherty".

Carrera de modelo

En 1946 conoció al fotógrafo de origen húngaro André de Dienes (en), que le hizo muchos retratos, incluidos algunos desnudos.

En mayo de 1948, Marilyn Monroe posó desnuda para Tom Kelley en un calendario de pared (conocido como el calendario *Golden Dreams*). En 1952, cuando ya era muy conocida, fue víctima de un chantajista que la amenazó con revelarlo todo. Al final, Marilyn Monroe lo anunció ella misma, alegando haber pasado necesidades económicas. En diciembre de 1953, algunas de estas fotos aparecieron en el primer número de la revista *Playboy, ya* que su editor, Hugh Hefner, las había recomprado por 500 dólares. Este audaz movimiento, que permitió continuar con la producción de la revista, fue responsable de su creciente éxito durante las dos décadas siguientes.

En pocos meses fue portada de una treintena de revistas *pin-up* y empezó a hacerse un nombre como la "*chica Mmmmm*". Dejó su trabajo para dedicarse a su carrera de modelo, sobre todo en agosto de 1945 con la agencia Blue Book Modeling, dirigida por Emmeline Snively (it), donde recibió clases de modelaje en la *Blue Book Models School* de Los Ángeles. En diciembre de 1945, rodó su primera película de prueba para la agencia, promocionando trajes de baño. En febrero de 1946, se aclaró el color del pelo para una campaña publicitaria de champú por consejo de Emmeline Snively (quien, al parecer, le dijo: "Escucha, querida, si quieres triunfar en esta agencia, tendrás que decolorarte y alisarte el pelo; tienes la cara demasiado redonda y un peinado te la alargará").

Primeros pasos en el cine

Soñando con convertirse en actriz de cine, tomó clases de interpretación y siguió tiñéndose el pelo de rubio claro. Con 33 apariciones en revistas y el deseo de probar su cabello, Norma Jeane atrajo la atención de un ejecutivo de la 20th Century Fox, Ben Lyon, que le organizó una prueba. Impresionado por su cabello rubio, declaró: "Esta es la nueva Jean Harlow". El 26 de julio de 1946 firmó su primer contrato de seis meses con la Fox, por el que ganaba 75 dólares a la semana. Siguiendo el consejo de Ben Lyon, aceptó cambiar su nombre por el de "Marilyn Monroe", el primero inspirado en la actriz Marilyn Miller y el apellido Monroe por su madre (adoptó oficialmente este apellido el 23 de febrero de 1956 (Chris Bodenner, "The Day Norma Jean Died", en The Atlantic, 24 de febrero de 2016). Fue de nuevo por recomendación suya que se divorció de Jim, con quien apenas mantenía contacto debido a su distanciamiento, el 2 de octubre de 1946, Fox no creía en el futuro de una futura estrella si ya estaba casada.

Al no despegar su carrera, hizo algunos trabajos promocionales como modelo, y como tal fue elegida

"Reina Honoraria" del Festival de la Alcachofa de Castroville en 1948.

Hizo su primera aparición en la pantalla en 1947 en *Bagarre pour une blonde* y *Dangerous Years*. En 1948, firmó un nuevo contrato de seis meses con Columbia y protagonizó el musical de bajo presupuesto *Les Reines du music-hall*. La película fue un fracaso y no se le renovó el contrato. Sin embargo, su aparición en *La pesca del tesoro* de los hermanos Marx impresionó a los productores, que la enviaron a Nueva York para promocionar la película.

Durante una sesión fotográfica en el Racquet Club de Palm Springs (en), atrajo la atención de Johnny Hyde, vicepresidente de la agencia William Morris, que aceptó convertirse en su agente artístico y firmó con ella un contrato de 3 años el 2 de marzo de 1950, convirtiéndose, según algunos rumores, en su amante. Fue él quien la ayudó a crear su imagen de estrella; la llevó a un facialista e incluso le pagó una rinoplastia y una genioplastia con el famoso cirujano de Beverly Hills Michael Gurdin. Luego le consiguió un papel en *Cuando la ciudad duerme*, de John Huston. La crítica alabó la calidad de su interpretación.

Al negarse a depender de Johnny Hyde, que estaba enamorado de ella, y carecer de dinero, posó desnuda bajo el seudónimo de "Mana Monroe" para el fotógrafo Tom Kelley (en), en fotos de calendario que recorrieron el mundo unos años más tarde, cuando se hizo famosa (véase Desnudos en su carrera).

Joseph L. Mankiewicz, que vio en ella un "gran talento", se fijó en ella para *Eve* (1950), junto a Bette Davis. Dado el éxito de sus últimas películas, Marilyn negoció un contrato de siete años con la 20th Century Fox en diciembre de 1950. En septiembre, *la revista Photoplay* publica el primer artículo sobre ella: "*How a star is born*", en referencia a la película de William A. Wellman *A Star Is Born* (1937), y le concede el premio Rising Star.

Al año siguiente se matriculó en la Universidad de California, en Los Ángeles, donde estudió literatura y arte y apareció en películas menores con actores como Mickey Rooney, Constance Bennett, June Allyson, Dick Powell y Claudette Colbert. Nunca fue nominada al Oscar, pero hizo su primera y única aparición el 29 de marzo de 1951 para entregar el premio a la Mejor Mezcla de Sonido a Thomas T. Moulton por Eve. Moulton por *Eve*. Fue una velada de pesadilla, que terminó entre lágrimas cuando descubrió su vestido roto. Hizo una audición para la adaptación de la *tira cómica Li'l Abner* para la televisión, pero el proyecto nunca se materializó.

Consagración

En marzo de 1952, Marilyn Monroe provocó un escándalo al posar desnuda para un calendario. Este episodio de su vida, lejos de empañar su carrera, aumentó su fama (véase El desnudo en su carrera). Dijo a los periodistas que había posado para pagar el alquiler. Más tarde, cuando le preguntaron si realmente no llevaba nada puesto en la sesión de fotos, bromeó: *"No, tenía la radio encendida", una* expresión con doble sentido, que significa que tenía la radio encendida o que estaba "vestida" con la radio encendida.

El 7 de abril de 1952, aparece por primera vez en la portada de la revista *Life,* donde se la describe como *"The Talk of Hollywood"*. Fue entonces cuando comenzó su romance con Joe DiMaggio, una leyenda viva del béisbol que acababa de retirarse.

La columnista de cine Hedda Hopper describió a Marilyn como *"la autoridad del salón y del sexo"*, mientras que el productor Jerry Wald dijo de ella que "camina como un antílope, cuando se detiene [parece] una *serpiente enroscándose*, y cuando habla no oyes sus palabras, es como si te susurrara que te quiere".

En los meses siguientes rodó cuatro películas. Para RKO Pictures, interpretó un papel secundario en *El diablo se despierta de noche*, de Fritz Lang, junto a Barbara Stanwyck. Estrenada en junio de 1952, la película fue un éxito de crítica y público. A continuación participó en la comedia *Cinq mariages à l'essai* y en el drama *Trouble-moi ce soir,* en el que interpretó el papel principal, el de una niñera que amenaza con hacer daño al niño que tiene a su cargo. La película no fue bien recibida por la crítica, y *Variety* la calificó de "ligera". En *Chérie, je me sens rajeunir, en la* que apareció por primera vez como rubia platino, actuó junto a Cary Grant y Ginger Rogers bajo la dirección de Howard Hawks. La película obtuvo buenos resultados en taquilla a pesar de algunas críticas negativas.

Darryl F. Zanuck vio en ella un gran potencial comercial y la contrató para *Niágara,* de 1953, en la que cantaba su canción *Kiss* e interpretaba a una mujer fatal que desea que asesinen a su marido, interpretado por Joseph Cotten. Los críticos alabaron la película y describieron su interpretación como "abiertamente sexual". Constance Bennett opinaba que Marilyn tenía "un gran futuro por delante". Zanuck, sin embargo, siempre la había despreciado como actriz y no dudó en hacérselo saber. Le siguió la actriz Joan Crawford, que describió a Marilyn tras su aparición en los Oscar como "vulgar" y dijo que su vestido parecía un "saco de patatas".

La joven entabló amistad con Jane Russell en el rodaje de la película de Howard Hawks *Los hombres las prefieren rubias.* Russell, que describió a su compañera como "muy tímida, muy dulce y muy inteligente", recibió 400.000 dólares, mientras que Marilyn cobraba 18.000 dólares a la semana. Cuando la película se estrenó en Los Ángeles el

26 de junio de 1953, las dos actrices dejaron sus huellas en el cemento del Teatro Chino de Grauman, justo al lado del *Paseo de la Fama de* Hollywood, en Hollywood Boulevard.

Su siguiente película, *Cómo casarse con un millonario* (1953), de Jean Negulesco, fue protagonizada por Betty Grable y Lauren Bacall. Escrita por Nunnally Johnson, la historia trataba de tres modelos neoyorquinas que hacían todo lo posible por casarse con un millonario. Las películas que rodó durante este periodo contribuyeron a aumentar su popularidad.

Marilyn Monroe habla con el *New York* Times sobre su deseo de interpretar papeles dramáticos. Expresó a la 20th Century Fox su deseo de formar parte del reparto de la película *The Egyptian*. Darryl F. Zanuck se opuso sin ni siquiera hacerle una prueba de cámara.

Entonces firmó para *River of No Return*. No se llevaba bien con el director Otto Preminger y se negó a hablar con él durante el rodaje. Robert Mitchum, su principal compañero, tuvo que hacer de mediador. Más tarde declaró que "merecía algo mejor que una película de vaqueros de serie Z". A finales de 1953, Marilyn Monroe debía empezar a rodar *The Girl in Pink Tights* con Frank Sinatra. Cuando se negó, la Fox la suspendió.

El 14 de enero de 1954 se casa con Joe DiMaggio y declara a la prensa: "Mi principal ambición ahora es dedicarme a mi matrimonio". Al mes siguiente, cuando acompañaba a su marido a Japón para entrenar a un equipo de béisbol, el ejército estadounidense la invitó a pasar cuatro días en Corea, donde cantó nueve veces tres canciones de sus últimas películas ante 60.000 soldados americanos. Esta primera experiencia sobre un escenario le permitió superar su miedo a las multitudes.

De regreso a Hollywood en marzo de 1954, resuelve su disputa con la Fox y protagoniza *The Merry Parade.* Esta película musical de Walter Lang fue un fracaso. La película también fue mal recibida por la crítica, que calificó la actuación de Marilyn Monroe de "desastrosa" y "vergonzosa". La actriz reveló que sólo había aceptado el papel con la condición de hacer después *Siete años para pensar.* Comenzó a rodar esta última en septiembre con Tom Ewell. Fue en Nueva York donde interpretó la escena más famosa de toda su carrera, la de la rejilla subterránea donde se levanta su vestido blanco. El director Billy Wilder exigió muchas tomas, lo que irritó a Joe DiMaggio. Tras varias discusiones, Marilyn anunció su separación. Se divorciaron en noviembre de 1954, tras ocho meses de matrimonio. El 16 de diciembre de 1954 abandonó Hollywood de incógnito para ir a casa en Nueva York de su fotógrafo y amigo Milton Greene, y el 31 de diciembre de 1954 fundó con él *Marilyn Monroe Productions, Inc.* A través de esta productora, esperaba lanzar su nueva carrera en Nueva York. Milton Greene, que consideraba que los grandes estudios le habían ofrecido unos honorarios indignos de ella, la convenció para que se liberara de su tutela. Demostrando así su deseo de independencia, Marilyn fue suspendida oficialmente por la Fox el 15 de enero de 1955.

En 1954 también tomó clases de canto. Firmó un contrato con RCA y su primer disco vendió 75.000 copias.

En 1955, gracias a Truman Capote, tomó clases de interpretación con la actriz británica Constance Collier. Collier consideraba que Marilyn Monroe tenía un "talento hermoso, frágil y sutil". Tras unas semanas de trabajo, la actriz que se había dado a conocer en *La soga*, de Alfred Hitchcock, murió el 21 de mayo de 1955. En una reunión con la Fox, Marilyn Monroe pidió trabajar con Hitchcock. Pero el director replicó que no le gustaban las mujeres con "sexo escrito en la cara". Prefería rubias frescas como Grace Kelly o Tippi Hedren.

Estudio de actores

Durante el rodaje de *The Merry Parade*, Marilyn conoció a Paula Strasberg y a su hija Susan. Les pidió que estudiaran en el Actors Studio con Lee Strasberg. En marzo de 1955, Monroe conoció a Cheryl Crawford, cofundadora del

Actors Studio, que le presentó a Lee Strasberg. Tras conocerla, éste la aceptó como alumna.

En mayo comienza a salir con el dramaturgo Arthur Miller, al que había conocido cinco años antes. El 1er de junio, día de su cumpleaños, Joe DiMaggio la acompañó al estreno de *Siete años para pensar* en Nueva York y organizó una pequeña fiesta en su honor. La velada terminó con una discusión en público antes de que Marilyn Monroe se marchara precipitadamente. No volvieron a verse durante mucho tiempo' .

Siguió asistiendo a clases en el Actors Studio y se hizo amiga de los actores Kevin McCarthy y Eli Wallach, que la describieron como estudiosa y sincera en su forma de actuar. Protagonizó la obra Anna *Christie* con Maureen Stapleton, basada en la obra de Eugene O'Neill, sin olvidar sus líneas durante las representaciones, lo que no había ocurrido en los ensayos, donde fallaba siempre. *Anna Christie fue* un gran éxito y el público aplaudió a Marilyn. Aunque sólo era una estudiante, fue la alumna más orgullosa de Lee Strasberg ("He trabajado con cientos de actores y actrices, y sólo hay dos que son mucho mejores que el resto. El primero es Marlon Brando, y la segunda es Marilyn Monroe"), la tomó bajo su protección (encontró refugio en casa de la familia Strasberg) y la animó a someterse a psicoanálisis para acercarse a los personajes que interpretaba.

Mientras tanto, *Siete años para pensar* se convirtió en un gran éxito, recaudando unos 8 millones de dólares en taquilla. La crítica alabó la interpretación de Marilyn Monroe. Gracias a este éxito, negoció un nuevo contrato con la 20th Century Fox que le daba más poder: 100.000 dólares por película, 500 dólares extra a la semana para gastos varios, voz y voto en el guión, así como en el director y el director de fotografía, y el derecho a actuar para estudios distintos de Fox'.

La primera película rodada con este nuevo contrato fue *Bus Stop*, de Joshua Logan, que aprobó los métodos de trabajo de la estrella. Paula Strasberg se convirtió en su asesora personal en todas sus películas. La mujer de Lee puso de los nervios a los directores Joshua Logan, Laurence Olivier, Billy Wilder, George Cukor y John Huston, que ya lo habían visto todo antes. Después de cada escena, Marilyn Monroe se dirigía a ella para saber si su interpretación había estado a la altura de sus aspiraciones. Un asentimiento de Paula y Marilyn Monroe exigía otra toma, aunque la anterior les pareciera perfecta a todos. Odiada por todos, Paula se ganó los apodos de "seta negra" y "bruja" por parte de los técnicos, con los que nunca hablaba. Sin embargo, tranquiliza a Marilyn Monroe, aunque su presencia sea un sinsentido para muchos.

En *Bus Stop*, interpretó a "Chérie", una cantante de cabaret que se enamora de un vaquero. Muy satisfecho con su interpretación, Logan intentó que fuera nominada al Oscar a la mejor actriz' . Sin embargo, fue nominada al Globo de Oro.

Pasó más tiempo con Arthur Miller, con quien mantenía una relación desde hacía más de un año. Fue entonces cuando la prensa empezó a escribir sobre ellos, refiriéndose a menudo a ellos como "*El cabeza de huevo y el reloj de arena*"' . Se casaron el 29 de junio de 1956.

A *Arrêt d'autobus* le siguió *Prince et la Danseuse,* también protagonizada y dirigida por Laurence Olivier. Olivier odiaba a Marilyn Monroe por sus caprichos en el plató. Más tarde, la describió como "maravillosa, la mejor de todas". La película fue un rotundo fracaso. Sin embargo, recibió elogios de la crítica, sobre todo en Europa, donde en 1959 ganó la Estrella de Cristal y el David di Donatello a la mejor actriz extranjera, así como una nominación al BAFA a la mejor actriz extranjera.

Ausente de la pantalla en 1958, ahora vivía con Arthur Miller en Long Island y abortó el 1er de agosto de 1957' . No obstante, él la animó a volver a Hollywood para protagonizar *Some Like It Hot*. Sin embargo, el director sabía que a menudo llegaba tarde, que tenía miedo escénico y que le costaba aprenderse sus diálogos cuando la dirigió en *Siete años de reflexión*. Esta vez, Marilyn

Monroe se mostró hostil y se negó a rodar ciertas escenas'. Su incesante impuntualidad minó su amistad con Tony Curtis, quien más tarde dijo que besarla era "como besar a Hitler". El actor dijo más tarde que sólo era una broma. Embarazada en el momento del rodaje, volvió a abortar en diciembre de 1958, una vez terminada la película.

Some Like It Hot fue un éxito rotundo y estuvo nominada a cinco Oscar. Marilyn Monroe ganó el Globo de Oro a la mejor actriz de musical o comedia por su interpretación. Billy Wilder afirma que la película fue su mayor éxito, aunque Marilyn siempre la odió. También habla de los problemas que encontró durante el rodaje de la película "Marilyn fue muy difícil porque era totalmente imprevisible. No sabía qué día íbamos a tener [...] ¿colaboraría o se pondría obstructiva?", dice. Sin embargo, adora a Marilyn Monroe y la describe como una actriz cómica y un genio. También habla de otros proyectos con ella, como *Irma la Douce* con Shirley MacLaine.

Problemas de salud

En los años sesenta, su popularidad estaba en su apogeo. Aceptó protagonizar *El multimillonario*, de George Cukor. Insatisfecha con el guión, hizo que Arthur Miller lo reescribiera. Gregory Peck iba a interpretar al protagonista masculino, pero acabó rechazando el papel después de que se escribiera la nueva versión, al igual que Cary Grant, Charlton Heston, Yul Brynner y Rock Hudson, antes de que el papel recayera en Yves Montand. El rodaje fue difícil para la actriz, que no se llevaba bien con el director. Éste, que era abiertamente homosexual, sentía debilidad por el actor francés, con quien Marilyn Monroe tuvo un romance. Esta relación terminó cuando Montand se negó a dejar a su esposa Simone Signoret. La película fue un fracaso comercial y de crítica.

Fue entonces cuando empezaron sus problemas de salud. Empezó a consultar a un psiquiatra de Los Ángeles, el Dr. Ralph Greenson, al que veía casi todos los días. Ejerció una influencia decisiva sobre su paciente. Según Greenson, su matrimonio era tenso desde hacía algún tiempo, a pesar de los esfuerzos de Miller por cuidarla. Greenson declaró que su principal objetivo en aquel momento era reducir el consumo de drogas de Marilyn Monroe.

Después protagonizó *Los inadaptados*, de John Huston. La película, escrita para ella por Arthur Miller, también estaba protagonizada por Clark Gable, Montgomery Clift y Eli Wallach. El rodaje comenzó en julio de 1960. A menudo enferma, Marilyn Monroe era incapaz de actuar. Incluso fue hospitalizada durante diez días. Sin la ayuda del Dr. Greenson, volvió a tomar somníferos y alcohol. El 16 de noviembre de 1960, Gable murió de un ataque al corazón en Los Ángeles a la edad de 59 años. Los periodistas culparon a Marilyn Monroe de su muerte por llegar tan tarde al plató' . La película no fue un éxito comercial y las críticas fueron mayoritariamente negativas, aunque algunas elogiaron las interpretaciones de Monroe y Gable.

En los meses siguientes, su dependencia del alcohol y de los medicamentos fue en aumento. Se divorció de Arthur Miller en enero de 1961 y redactó su testamento el 14 de enero de 1961. Aceptó que su psicoanalista Marianne Rie Kris la ingresara en la clínica psiquiátrica Payne Whitney, donde fue encerrada en una celda de seguridad. Más tarde describió la experiencia como una "pesadilla". Cuando le permitieron llamar por teléfono, se puso en contacto con Joe DiMaggio, que hizo que la trasladaran al centro abierto del Hospital Presbiteriano de Nueva York, donde permaneció con ella. Tras tres semanas de tratamiento, recibió el alta hospitalaria, asediada por los periodistas a su salida. Incapaz de actuar, regresó a California para descansar. Tras este internamiento, pidió a su abogado Milton Rudin que cambiara su testamento, pero no se hizo y dio lugar a una controversia sobre el testamento cuando murió, en particular sobre la "influencia incapacitante" ejercida por los Strasberg y Marianne Rie Kris.

Año 1962

A principios de la década de 1960, Marilyn Monroe era adicta a las anfetaminas, los barbitúricos y el alcohol. Sufría diversos problemas de salud mental, como depresión, ansiedad, baja autoestima e insomnio crónico.

La actriz aún debía a la Fox una última película, según los términos de su contrato de 1956. El estudio pidió a uno de sus guionistas, Arnold Schulman, que rehiciera una comedia de 1940, *Mi esposa favorita,* protagonizada por Irene Dunne y Cary Grant. La historia trataba de una mujer desaparecida, dada por muerta, que regresa a casa y descubre que su marido se ha vuelto a casar. Se pidió a Frank Tashlin, director de comedias de Jerry Lewis, que dirigiera la película. Marilyn Monroe, que quería volver a la pantalla con una película llena de acontecimientos, rechazó inicialmente el proyecto, por considerarlo "insípido". Sin embargo, se le dio voz y voto sobre el guión y el director, y aceptó reexaminar el proyecto. Nunnally Johnson, que había trabajado con ella en *Cómo casarse con un millonario,* fue contratada entonces para firmar una nueva versión. George Cukor, que también debía rodar una película para la Fox, rechazó inicialmente el proyecto debido a sus pesadillescos recuerdos del rodaje de El *multimillonario.* Amenazado con acciones legales si no cumplía sus compromisos, se resignó a aceptar la propuesta del estudio (por 300.000 dólares) y se reencontró así con Marilyn Monroe, a la que despreciaba profundamente. A pesar de que el guión estaba inacabado, Marilyn Monroe firmó para rodar *Something's Got to Give*. Según los términos de su contrato de no exclusividad con la Fox, seguía ganando 100.000 dólares por película, siete veces menos que la norma de Hollywood para una estrella de su categoría.

A los treinta y cinco años, compró su primera casa con hipoteca, por 35.000 dólares, en enero de 1962. Fue Eunice Murray, su nueva institutriz y antigua enfermera psiquiátrica, quien le encontró la modesta hacienda de inspiración neomexicana del 12305 de Fifth Helena Drive, en Brentwood, a las afueras de Los Ángeles.

El 5 de marzo de 1962, en la ceremonia de los Globos de Oro, la prensa extranjera le concedió, por segunda vez, el premio a la "Actriz Principal del Mundo en 1961". Acompañada por el guionista José Bolaños, se emborrachó y recibió el premio de manos de Rock Hudson, tambaleándose y balbuceando algunos agradecimientos ante el público atónito. Para no avergonzarla, la ceremonia no fue retransmitida.

Mientras tanto, Nunnally Johnson entregó el guión terminado de *Something's Got to Give*, que Marilyn Monroe aprobó. Insatisfecho, George Cukor contrató a su amigo Walter Bernstein para reescribir los diálogos, que consideraba "demasiado sosos". Sus compañeros Dean Martin y Cyd Charisse también fueron contratados. La víspera del inicio del rodaje, el 23 de abril, Marilyn

Monroe enfermó de fiebre y avisó al estudio de que estaría ausente. Cukor empezó a rodar todas las escenas en las que ella no aparecía. Monroe consultó a su médico, el Dr. Engelberg, ese mismo día. Le diagnosticó sinusitis crónica y Lee Siegel, médico oficial del estudio, recomendó aplazar el rodaje un mes, a lo que el estudio se negó. El 30 de abril, Marilyn Monroe acudió por primera vez al plató y rodó 90 minutos de rushes en contra del consejo del Dr. Siegel. Cayó enferma y fue evacuada del estudio. Se reunió con el equipo y rodó escenas alrededor de una piscina durante tres días a principios de mayo.

Aprovechando una pausa para comer, volvió a abandonar el plató -a pesar de la prohibición de los estudios- para asistir a la fiesta de cumpleaños de John Fitzgerald Kennedy en Nueva York, durante la cual cantó el famoso *Happy Birthday, Mister President* . Jackie Kennedy se opuso a su asistencia a la fiesta privada de su marido y prefirió retirarse a Virginia con sus hijos.

La actriz regresó a Hollywood para rodar sus escenas, lo que "encantó" a los jefes de la Fox. A pesar de varios días de tomas sin incidentes, dio muestras de nerviosismo y fue incapaz de aprenderse sus diálogos, lo que irritó a Cukor, que acabó por arremeter contra ella. El 1 de junio[er] , día de su 36 cumpleaños[e] , regresó al plató, donde al final del día se organizó una fiesta en su honor: fue su última aparición profesional. El día 7, la Fox filtró a la prensa que Marilyn Monroe había sido despedida y que "Kim Novak y todas las demás actrices de Hollywood y más allá" habían sido contactadas para sustituirla. El estudio demandó a Marilyn Monroe por 500.000 dólares. Peter Levathes, jefe de producción de Fox, dijo a la estrella: "El star system ha perdido todo el control. Dejamos que los lunáticos dirigieran el manicomio y casi lo destruyen.

Sin embargo, Kim Novak, Shirley MacLaine y otras (incluida Brigitte Bardot) declinaron la oferta para repetir su papel. El estudio anunció oficialmente que Lee Remick había sido finalmente la elegida. Dean Martin se opuso y se negó a reanudar el rodaje sin Marilyn. La Fox le demandó y también le reclamó 500.000 dólares por incumplimiento de contrato. El equipo de rodaje no tardó en ser suspendido. Cyd Charisse llevó entonces a Dean Martin a los tribunales, reclamando 14.000 dólares en concepto de daños y perjuicios por lucro cesante. Por su parte, la Fox aumentó los cargos en su demanda contra Marilyn Monroe y ahora exigía 750.000 dólares. El 19 de junio, el estudio se volvió de nuevo contra Dean Martin y los abogados de la Fox reclamaron 3.339.000 dólares. El actor respondió demandando a la Fox por daños y perjuicios por valor de 6.885.000 dólares. El caso saltó a los titulares, algunos de los cuales citaban al actor diciendo: *"Sin Marilyn no hay película"*. Un año después, se retiró la demanda.

Las negociaciones comenzaron inmediatamente y el 20 de junio la Fox anunció que el rodaje se reanudaría en breve. Marilyn Monroe, como parte de una campaña de relaciones públicas para restaurar su imagen ante el gran público, participó en sesiones fotográficas con varios fotógrafos importantes y en entrevistas con las principales revistas. DiMaggio y ella hablan de volver a casarse, e incluso se fija una fecha: el 8 de agosto de 1962. Se habló de otros proyectos cinematográficos, como *I Love Louisa* y *The Jean Harlow Story*. Su disputa con la Fox se resolvió y su contrato fue renovado. La producción de *Something's Got to Give* debía reanudarse a principios de otoño. Peter Levathes acude a su casa para una reunión de conciliación. Al final de la reunión, Marilyn Monroe se aseguró un nuevo guión, se retiraron las demandas contra ella, George Cukor fue despedido oficialmente y sustituido por Jean Negulesco, que había dirigido *How to Marry a Millionaire*, y un nuevo contrato de un millón de dólares por dos películas: 250.000 dólares para terminar *Something's Got to Give* y 750.000 dólares para otra película por determinar . Marilyn Monroe, que había aparecido en treinta películas, tenía entonces treinta y seis años.

En junio de 1962, Marilyn participó en una última sesión fotográfica, más tarde llamada *The Last Sitting*.

A finales de julio, deprimida, confió a su peluquera que acababa de abortar [ref. por confirmar]. Al menos dos médicos le dieron numerosas recetas de somníferos en la última semana de su vida.

El viernes 3 de agosto lo dedicó a numerosas llamadas telefónicas privadas y de negocios, y a reuniones con su psiquiatra y su amiga Pat Newcomb. El sábado fue igual: llamadas telefónicas, trabajo en el jardín con el Dr. Greenson y un paseo por la playa con el actor Peter Lawford, cuñado de los Kennedy. Algunos testigos la describieron bajo los efectos de tranquilizantes. A las 19.45, mantuvo otra conversación telefónica con Lawford, en la que parecía deprimida y confusa. Volvió a llamar un poco más tarde, pero la línea estaba averiada. Hizo varias llamadas a amigos y familiares para intentar localizarla. Finalmente, Eunice Murray, el ama de llaves contratada a petición del doctor Greenson, le dijo que todo iba bien: eran las 20.30 horas. Según Donald Spoto, autor de una biografía de Marilyn Monroe, ya estaba muerta o moribunda de sobredosis.

Muerte

Marilyn Monroe murió la noche del 4 al 5 de agosto de 1962. Habían transcurrido casi cinco horas entre la hora estimada de la muerte, alrededor de las 21.30 y las 22.00 horas, y la llamada telefónica de los Greensons a la policía, junto con la Sra. Murray y el Dr. Engelberg. Tras una investigación, el forense de Los Ángeles anotó en su expediente: "Probable suicidio". A partir de 1962 nunca se resolvió su muerte, invocándose la teoría del homicidio, que incriminaba al FBI o a la CIA.

En Los Ángeles, se rumorea que el día de la muerte de Marilyn Monroe, Bobby Kennedy y su cuñado Peter Lawford fueron a ver a Marilyn Monroe dos veces; Bobby le dijo que ni él ni John aceptarían sus llamadas, ya que él y John F. Kennedy querían poner fin a los rumores sobre su relación. Se produjo una acalorada discusión. A falta de pruebas, los testimonios nunca han sido corroborados y no pasan de ser meras especulaciones.

Según los registros telefónicos de la actriz, a las 20.30 horas recibió una llamada de Peter Lawford invitándola a cenar, pero ella declinó. Dijo que parecía *aturdida*. Su última llamada fue a las 10 de la noche. Llamó a su fotógrafo, Ralph Robert. Pero no contestó. Según la operadora que atendió la llamada, Marilyn apenas podía hablar. Aunque pensó que Marilyn se había quedado dormida al teléfono, el forense declaró que fue sobre esa hora cuando Marilyn murió. Preocupada por si Marilyn había cerrado la puerta con llave, algo que nunca hacía, su ama de llaves, Eunice Murray, llamó al psiquiatra Ralph Greenson y al Dr. Hengelberg. Cuando llegaron, Greenson rompió la ventana de su dormitorio y dijo textualmente: "Creo que la hemos perdido". Pasaron largas horas antes de que llamaran a la policía y a la ambulancia, alegando que, en su estado de shock, preferían dar primero la noticia a los estudios. El sargento Jack Clemmons dijo que los doctores Greenson y Hengelberg parecían distantes y observó la curiosa actitud del ama de llaves que ponía la colada en la lavadora. También le pareció sospechosa la postura de Marilyn; estaba en lo que él llamó la "postura del policía", con los brazos a los lados, mientras que una persona que ha muerto de sobredosis suele acurrucarse por el dolor. Basándose en una sobredosis de somníferos en su cuerpo, el veredicto del juez sobre la muerte de Marilyn Monroe fue "probable suicidio", dejando abiertas todo tipo de posibles acusaciones.

En el depósito de cadáveres, su peluquera habitual, Agnès Flanagan (peluquera de Jean Harlow, a quien había contratado para realizar su famoso tinte rubio platino), no pudo preparar el cabello de Marilyn, demasiado dañado por años de tratamiento (peróxido para la coloración, sosa cáustica para el alisado), pero también por la autopsia. Se le puso una peluca, copiando el peinado que llevaba en su última película *Something's Got to Give* y desatando los rumores de que ya llevaba peluca durante el rodaje, así como para la película anterior *Les Désaxés*.

Marilyn fue enterrada el 8 de agosto de 1962 en el *cementerio Westwood Village Memorial Park* de Los Ángeles. Fue su hermanastra, Berniece Miracle, con la ayuda de Joe DiMaggio, quien organizó el funeral privado, al que, a pesar de sus protestas, no asistieron sus amigos estrellas como Dean Martin y Frank Sinatra. Sin embargo, cientos de curiosos se agolparon en las calles aledañas al cementerio. Molesto, su ex marido se inclinó sobre su ataúd y le susurró tres veces "Te quiero". La ceremonia terminó con una de las canciones favoritas de Marilyn, *Over the Rainbow,* interpretada por Judy Garland. A continuación fue enterrada en la tumba 24 del *Corredor de los Recuerdos.*

Marilyn era una estrella internacional y su repentina muerte fue noticia en Estados Unidos y Europa. Según Lois Banner, la tasa de suicidios en Los Ángeles se duplicó en el mes siguiente a su muerte; la tirada de la mayoría de los periódicos aumentó ese mes, y el *Chicago* Tribune informó de que había recibido cientos de llamadas telefónicas de personas que pedían información sobre su muerte. Jean Cocteau dijo que su muerte debería ser una terrible lección para todos aquellos cuyo trabajo consiste principalmente en espiar y atormentar a las estrellas de cine. Su antiguo coprotagonista Laurence Olivier la calificó de "víctima total de la fanfarronería y el sensacionalismo", y Joshua Logan (director de *Bus Stop*), dijo que era una de las personas más incomprendidas del mundo.

El 17 de agosto de 1962, la revista *Life* volvió a publicar su última entrevista, "*A Last Long Talk With A Lonely Girl*", de Richard Meryman, publicada anteriormente el 3 de agosto de 1962, dos días antes de su muerte.

Incertidumbres en torno a la causa de su muerte

El 5 de agosto de 1962, hacia las 3 de la madrugada, Eunice Murray, ama de llaves de Marilyn Monroe, se preocupó porque la actriz se había encerrado en su dormitorio, dejando la luz encendida pero sin responder a su llamada. Avisó al psiquiatra Ralph Greenson, que llegó al lugar, rompió el cristal de la ventana del dormitorio y descubrió a la actriz muerta en la cama, con una mano en el auricular del teléfono, la mesilla de noche llena de cajas de pastillas y un frasco vacío de Nembutal en el suelo. Greenson llamó a Hyman Engelberg, el médico personal de Marilyn, que llegó a su casa hacia las 3.50 de la madrugada y la declaró oficialmente muerta. El sargento Jack Clemmons, de la comisaría de Los Ángeles Oeste, recibió una llamada telefónica a las 4.25 de la madrugada de Hyman Engelberg, quien le informó de que la actriz se había suicidado. Clemmons fue el primer policía en llegar al domicilio de la estrella en Brentwood.

El informe del forense Thomas Noguchi habla de un "probable suicidio" debido a una sobredosis accidental de barbitúricos (*intoxicación aguda por ingestión de sobredosis de barbitúricos*).

Ante el informe sumario de la autopsia y la desaparición del hígado, los riñones y el estómago, el fiscal del distrito, John Miner (en), fue el primero en considerar la hipótesis del asesinato.

Debido a la falta de pruebas, los investigadores no han cerrado el caso ni han dicho si se trató de un suicidio o de un homicidio. Según algunos rumores, Marilyn Monroe fue víctima de un complot urdido por el FBI y la CIA para acumular pruebas contra los Kennedy. Estos rumores fueron recogidos por el novelista Norman Mailer en su libro *Marilyn - a biography* (1974), un libro que legitimaba el asesinato, aunque más tarde admitió que era pura ficción hecha con fines lucrativos.

Don Wolfe, en sus libros *The Last Days of Marilyn Monroe* (1998) y *The Assassination of Marilyn Monroe* (1999), apoya la hipótesis de un asesinato de Estado. Esta versión implica a Robert Kennedy y a todo un grupo de personas cercanas a la actriz que guardaron silencio durante años.

Según Donald Spoto, Marilyn murió como consecuencia de un error médico. Se le administró un enema de hidrato de cloral, preparado por su psicoanalista Ralph Greenson (el cloral la ayudaba a dormir), después de haber tomado Nembutal, una mezcla potencialmente mortal.

En 1985, cuando se reabrió el caso de la muerte de Marilyn Monroe en Los Ángeles, el Presidente del Gran Jurado, Sam Cordova, se enfrentó al Fiscal del Distrito, Ira Reiner, solicitando investigaciones adicionales para aclarar preguntas sin respuesta. La petición de una investigación sobre la implicación de Robert Kennedy fue rechazada por falta de pruebas.

En 2005, *Los Angeles Times* publicó extractos de las entrevistas de Marilyn con su psiquiatra, según un investigador de su muerte, en las que supuestamente la estrella cuestionaba su carrera, su aspecto, sus matrimonios y revelaba que había tenido una aventura con Joan Crawford. Tras su muerte, el fiscal encargado de la investigación, John Miner, supuestamente consiguió que el psiquiatra de la estrella, Dr Ralph Greenson, le pusiera las grabaciones de las sesiones de Marilyn en su diván, y tomó extensas notas. En estas notas, Marilyn Monroe se habría obsesionado con los Oscar y se habría hecho preguntas sobre su carrera, previendo en particular interpretar a William Shakespeare para ser considerada por fin una actriz seria. También se dice que le contó a su psiquiatra cómo se examinó en el espejo, desnuda, para observar el efecto de la edad en su cuerpo, y descubrió que "mis pechos están empezando a caerse un poco, (pero) mi cintura sigue estando bien, y mis nalgas siguen siendo las mejores." También hablaría de Clark Gable, en quien buscó amor paternal, y de sus matrimonios y divorcios con el jugador de béisbol Joe DiMaggio y el dramaturgo Arthur Miller. Por último, reveló que había tenido una aventura lésbica de una noche con la actriz Joan Crawford. "La siguiente vez que vi a Crawford, quiso volver a hacerlo, pero le dije francamente que no me gustaba hacerlo con una mujer. Después de eso, ella me culpó". Al parecer, el psiquiatra permitió a John Miner escuchar las cintas con la condición de que nunca revelara su contenido. Miner sólo rompió esta promesa de secreto años después de la muerte del psiquiatra, cuando algunos biógrafos de la actriz sugirieron que podía ser considerado sospechoso de la muerte de la estrella.

Según el fiscal, al escuchar las cintas queda claro que "es absolutamente imposible que esta mujer se suicidara. Tenía planes muy concretos para su futuro, sabía exactamente lo que quería hacer. Lee Strasberg le dijo que tenía que interpretar a Shakespeare, y a ella le fascinó la idea". El fiscal cree que la actriz fue asesinada: después de dormirla con algo en la bebida, le administraron Nembutal disuelto en agua, en grandes dosis, en forma de enema. Sin embargo, las afirmaciones del fiscal Miner son cuestionadas por muchos biógrafos y contradichas por varios testigos, entre ellos el ex ayudante del fiscal y la viuda del psiquiatra Ralph Greenson, que declaró a *Los Angeles Times* que su marido nunca había mencionado la existencia de estas cintas'. Sólo existen transcripciones de John Miner, quien afirma que Dr Ralph Greenson destruyó las cintas.

La teoría del suicidio descansa sobre bases poco sólidas (descompensación melancólica súbita vinculada a su trastorno bipolar); queda entonces la posibilidad de un accidente causado por la mezcla de barbitúricos con alcohol, que habría provocado un trastorno cardíaco, o de un accidente causado por el enema de su psiquiatra, el caso sigue abierto'.

Marilyn Monroe padecía endometriosis, lo que la obligaba a tomar grandes dosis de medicación para sobrellevar el dolor. Durante su operación por Leon Krohn y Marcus Rabwin, en abril de 1952 se le descubrió un estado avanzado de endometriosis, en lugar de una apendicitis, por la que fue operada. Entre 1952 y 1962 se sometió a siete operaciones. Dos de sus biógrafos, Anthony Summers (1985) y Donald Spoto (1993), describen los sufrimientos ginecológicos a los que se vio sometida la actriz desde su adolescencia, que a veces la obligaban a dejar de conducir repentinamente y a agacharse dolorida al borde de la carretera. También se vieron en el tocador de la actriz numerosas cajas de analgésicos recetados para los dolores menstruales. Según Martin Winckler, la muerte de Marilyn Monroe se debió a la ingestión masiva de fármacos para combatir los dolores de la endometriosis.

Posteridad

Popularidad

Casi sesenta años después de su muerte, Marilyn Monroe sigue siendo una de las actrices más conocidas. Se le han dedicado numerosos documentales y biografías, y varios telefilmes han repasado su vida, protagonizados por actrices como Ashley Judd y Poppy Montgomery. Recientemente ha sido interpretada por Charlotte Sullivan en la miniserie *Los Kennedy* y por Michelle Williams en *Mi semana con Marilyn*. En 2022, 60 aniversario de la muerte de Marilyn, se estrenará en Netflix el biopic Blonde, basado en el libro de Joyce Carol Oates, protagonizado por Ana de Armas como Marilyn Monroe.

Su imagen sigue siendo muy utilizada en portadas de revistas, en anuncios, para productos de merchandising como el maquillaje, y en películas como *Pulp Fiction, L.A. Confidential* y *Los Simpson, donde se la puede* ver en la escena del metro de *Siete años pensando*. En 2006, Nicole Kidman prestó su voz al personaje de *Norma Jean* en los dibujos animados *Happy Feet*. También aparece en varias canciones, como *Candle in the Wind* , *Goodbye Yellow Brick Road* de Elton John, *Vogue* y *Material Girl* de Madonna, Norma Jean Baker escrita y compuesta por

Serge Gainsbourg y cantada por Jane Birkin, Marilyn & John cantada por Vanessa Paradis, Black Marilyn de Shy'm y *Marilyn Monroe* de Pharrell Williams.

En 2012, Marilyn Monroe aún generaba unos ingresos anuales estimados por la revista Forbes en 27 millones de dólares. Se la considera, por tanto, el icono femenino más lucrativo del mundo.

Por cierto, los quinientos setenta y seis lotes subastados por Christie's el miércoles 27 y el jueves 28 de octubre de 1999 en Nueva York habían sido legados por Marilyn a Lee Strasberg con la idea de que éste los transmitiera a su círculo de amigos, cosa que no hizo: los bienes fueron atesorados y, a la muerte de Lee, pasaron a manos de su segunda esposa, Anna Strasberg, quien finalmente decidió venderlos. El precio total de la subasta, estimado entre diez y quince millones de dólares, ascendió a 13,4 millones. En el momento de su muerte, su cuenta bancaria arrojaba un saldo de 800.000 dólares (actualmente 7.744.000 dólares).

La actriz también fue objeto de una famosa serie de serigrafías del "pope" del Pop Art, Andy Warhol, que comenzó en 1964 con "*Shot Sage Blue Marilyn*". Es una de las obras más reproducidas del artista hasta la fecha. En 1967, la exposición *Homenaje a Marilyn Monroe* reunió a varios artistas del movimiento Pop en la galería Sydney Janis de Nueva York.

Vestidos de Marilyn Monroe

El vestido blanco de *Sept ans de réflexion*

Marilyn Monroe está considerada un icono cultural de la historia del cine, sobre todo por la imagen tomada de una escena de la película de Billy Wilder *The Seven Year Itch* (1955), en la que la actriz, con un vestido blanco, está de pie sobre una rejilla de metro, cuya corriente de aire levanta su vestido.

En septiembre de 1954, comenzó a rodar *Siete años para pensar* e interpretó el papel protagonista de La chica, una mujer que se convierte en el objeto de las fantasías sexuales de su vecino casado. Aunque la película se rodó en Hollywood, el estudio decidió promocionarla antes rodando una escena en Manhattan, en la avenida Lexington. La escena duró varias horas y atrajo a una multitud de casi 2.000 espectadores, incluidos fotógrafos profesionales. El vestido blanco apareció en la secuencia en la que Marilyn Monroe y el coprotagonista Tom Ewell salían del teatro Trans-Lux de la calle 52. Cuando oyen pasar un tren subterráneo bajo la rejilla de la acera, el personaje de Monroe se acerca a la rejilla diciendo "Ooh,

¿sientes la brisa subterránea?" mientras el viento levanta el vestido y deja al descubierto sus piernas.

Tras la muerte de la actriz en 1962, el diseñador de vestuario Travilla guardó el vestido bajo llave junto con muchos otros trajes que había confeccionado para Marilyn a lo largo de los años, hasta el punto de que se hablaba de una "colección perdida". Sólo después de su muerte, en 1990, Bill Sarris, colega de Travilla, expuso las prendas. El vestido pasó a formar parte de la colección privada de recuerdos de Hollywood de la actriz Debbie Reynolds en el Hollywood Motion Picture Museum. En una entrevista con Oprah Winfrey, hablando del vestido de Monroe, Debbie Reynolds dijo que el vestido se había vuelto crudo "porque, como sabes, ya es muy, muy viejo". En 2011, sin embargo, anunció que vendería su colección en una subasta por fases, la primera de las cuales tendría lugar el 18 de junio de 2011. Antes de la subasta, se estimaba que el vestido de Marilyn se vendería por entre uno y dos millones de dólares, pero en realidad se vendió por más de 5,6 millones (4,6 millones más una comisión de un millón)ꞌ .

Vestido de cumpleaños de JFK

En mayo de 2022, la empresaria Kim Kardashian lució el vestido que Marilyn Monroe llevó a la fiesta de cumpleaños del presidente John F. Kennedy el 19 de mayo de 1962 en el Museo Metropolitano de Arte de

Nueva York. El vestido color carne, diseñado por Bob Mackie y bordado a mano con 2.500 cristales, fue comprado en subasta en 2016 por *Ripley's Believe It or Not! un* "imperio mediático que también posee una cadena de museos" por la suma récord de 4,8 millones de dólares. Fue comprada por primera vez en subasta por el empresario Martin Zweig por 1,3 millones de dólares. El dibujo del vestido realizado por Bob Mackie se vendió por 10.000 dólares.

Patrimonio

Marilyn Monroe, agradecida a Anna Freud que la recibió y escuchó mientras rodaba *El príncipe y la bailarina en Londres*, incluyó el Centro Anna Freud en su testamento, legando "el 25% de su fortuna y futuros derechos de autor". Este legado sigue siendo rentable para la fundación, ya que los negocios en torno a la actriz generan "unos 10 millones de euros al año gracias a las numerosas marcas que siguen utilizando su imagen" [ref. necesaria]. A los 21 años, Marilyn había leído *La interpretación de los sueños*, de Sigmund Freud, y también había estado a punto de protagonizar una película dirigida por Jean-Paul Sartre, que quería que Marilyn Monroe interpretara el papel. "Pero *Freud, pasiones secretas* se hizo finalmente sin él y sin la actriz.

Política de privacidad

Bodas

Marilyn Monroe se casó tres veces:

- del 19 de junio de 1942 al 13 de septiembre de 1946 con James Dougherty ;
- del 14 de enero al 27 de octubre de 1954 con Joe DiMaggio ;
- del 29 de junio de 1956 al 24 de enero de 1961 con Arthur Miller.

En 1942, a los dieciséis años, se casó con James Dougherty, apodado "Lucky Jim" por casarse con ella. Ella le apodaba "Papi" y se llamaba a sí misma "Baby". De niña, a Marilyn Monroe le había faltado de todo, y cuando James se alistó en la Marina, se derrumbó y volvió a sentirse abandonada. Más tarde declaró que "el matrimonio no había sido ni feliz ni infeliz". Para ella, esta primera separación fue una mera formalidad.

El campeón de béisbol de origen siciliano Joe DiMaggio, el jugador más famoso de los años 50, cayó bajo su hechizo, se divorció de ella y se casó con ella en 1954. Su historia cautivó a toda América. Pero el amor de DiMaggio por su trabajo y su público hizo que la pareja se separara nueve meses después. Aunque seguían amándose, el tribunal la acusó oficialmente de crueldad mental.

Para amar, Marilyn Monroe también necesitaba admirar. Éste fue el caso del escritor Arthur Miller, que quedó fascinado por ella. Tras casarse en 1956, Miller cambió de opinión y no dudó en decir las peores cosas de ella: "Es un monstruo narcisista y desagradable que me quitó la energía y me drenó el talento". Marilyn Monroe creía haber encontrado la felicidad y el equilibrio con él, pero a pesar de todos sus esfuerzos, incluida su conversión al judaísmo" , la pareja se separó en 1961.

Otras relaciones

En el plató de El *multimillonario,* Marilyn Monroe cayó rendida a los encantos de su compañero Yves Montand. Simone Signoret, pareja de Montand, declaró: "Si Marilyn está enamorada de mi marido, es una prueba de que tiene buen gusto". Montand acabó cansándose de los sinceros sentimientos de la actriz hacia él y volvió con Signoret. En 2017, Frieda Hull, fotógrafa y amiga de la fallecida estrella, aseguró que Marilyn se había quedado embarazada de Yves Montand en 1960. Al parecer, la actriz pidió a Frieda que mantuviera el secreto. Sin embargo, el embarazo terminó en otro aborto espontáneo.

Durante mucho tiempo, Clark Gable simbolizó el hombre ideal para Marilyn Monroe, a quien le gustaba imaginar que su padre se parecía a él. Durante el rodaje de The *Offbeat,* Gable ignoró cortésmente que la actriz estaba enamorada de él.

Poco antes de su muerte, Cass Chaplin, el hijo menor del actor Charlie Chaplin, escribió en sus memorias que había mantenido una relación amistosa y luego romántica con la actriz, un hecho que también mencionó el biógrafo Anthony Summers en su libro sobre la estrella. No existe una cronología precisa de esta relación. Sin embargo, Summers afirma que Cass Chaplin llegó a oficializar la relación con sus padres para las Navidades de 1947. El romance terminó cuando Cass Chaplin descubrió que Marilyn Monroe le engañaba con su mejor amigo, Eddie G. Robbinson Jr, hijo de un importante productor de cine de la época.

Relaciones con los Kennedy

El 19 de mayo de 1962, Marilyn Monroe hizo su última gran aparición pública, casi borracha, cantando *Happy Birthday, Mr. President con* motivo del cumpleaños del Presidente John Fitzgerald Kennedy en el Madison Square Garden. El vestido ultramusculoso que lució en esta ocasión se vendió en una subasta en 1999 por 1,3 millones de dólares. Este vestido tubo, de gasa de seda rosa tachonada con 2.500 brillantes, se convirtió en el vestido más caro del mundo, superando al que la Princesa Diana llevó para bailar con John Travolta, que se vendió por 222.500 dólares en junio de 1997.

Ya en los años sesenta circularon rumores sobre la relación de la estrella con John Fitzgerald Kennedy y su hermano Robert Kennedy.

La relación no se confirmó hasta 1970, cuando Frank Cappell publicó *The Strange Death of Marilyn Monroe*. Otra amante de JFK, Judith Campbell, también mencionó el romance en su autobiografía, publicada en 1977.

Marilyn Monroe y la religión

El libro de oraciones judío (Siddur) de Marilyn Monroe se subastará en Nueva York en octubre de 2018. Se dice que lo recibió tras su matrimonio con Arthur Miller y su conversión al judaísmo. El Siddur lleva la inscripción *Daily Prayers* y se dice que está vinculado al Centro Judío Avenue N de Brooklyn, Nueva York, que Arthur Miller frecuentaba. Se casaron en una ceremonia civil el 29 de junio de 1956, en el juzgado *del condado de Westchester*, y dos días después, el 1er de julio de 1956, celebraron una ceremonia religiosa, y el rabino Robert Goldburg convirtió a Marilyn Monroe al judaísmo.

El rabino Goldberg publicó sobre este tema en *la revista Reform Judaism en* 2010. Incluso después de divorciarse de Arthur Miller el 24 de enero de 1961, Marilyn Monroe siguió considerándose judía, admirando los valores éticos del judaísmo. Hasta su muerte, un año después, conservó su Siddur y una Menorah, en la que sonaba el Hatikvah, el himno nacional israelí.

Filmografía

- 1947: *Años peligrosos* de Arthur Pierson: Evie

- 1948: *Choisie entre toutes (You Were Meant for Me)* de Lloyd Bacon: una joven (sin acreditar) (sin confirmar)

- 1948: *Bagarre pour une blonde (¡Scudda Hoo! ¡Scudda Hay!)* de Hugh Herbert: Betty (sin acreditar)

- 1948: *Green Grass of Wyoming* de Louis King: un bailarín de cuadrilla (sin acreditar)

- 1948: *Ladies of the Chorus* de Phil Karlson: Peggy Martin

- 1949: *Love Happy* de David Miller: cliente de Grunion

- 1950: *El trenecito del Salvaje Oeste (A Ticket to Tomahawk)* de Richard Sale: Clara (sin acreditar)

- 1950: *Tormento (Right Cross)* de John Sturges: Dusky Ledoux (sin acreditar)

- 1950: *La bola de fuego* de Tay Garnett: Polly

- 1950: La *jungla de asfalto*, de John Huston: Angela Phinlay

- 1950: *Eva* (*All About Eve*) de Joseph L. Mankiewicz: Claudia Caswell

- 1951: *Let's Make It Legal* por Richard Sale: Joyce Mannering

- 1951: *Historia de un pueblo natal* de Arthur Pierson: Iris Martin

- 1951: *Rendez-moi ma femme* (*Tan joven como te sientes*) de Harmon Jones: Harriet

- 1951: *Nido de amor* de Joseph M. Newman: Roberta "Bobbie" Stevens

- 1952: *La Sarabande des pantins* (*La Sarabanda de los pantalones*), segmento *El policía y el himno* de Henry Koster: la prostituta

- 1952: *Monkey Business* de Howard Hawks: Lois Laurel

- 1952: *El diablo se despierta de noche* (*Clash by Night*) de Fritz Lang: Peggy

- 1952: *Cinq Mariages à l'essai* (*¡No estamos casados!)* de Edmund Goulding: Anabel Norris

- 1952: *Troublez-moi ce soir* (No *te molestes en llamar*) de Roy Ward Baker: Nell Forbes

- 1953: *Niagara* por Henry Hathaway: Rose Loomis

- 1953: *Los caballeros las prefieren rubias* de Howard Hawks: Lorelei Lee

- 1953: *Comment épouser un millionnaire* (Cómo *casarse con un millonario*) de Jean Negulesco: Pola Debevoise

- 1954: *Río sin retorno* de Otto Preminger: Kay Weston

- 1954: *La Joyeuse Parade* (*No hay negocio como el espectáculo*) de Walter Lang: Vicky

- 1955: *The Seven Year* Itch: The Daughter, de Billy Wilder

- 1956: *Bus Stop* por Joshua Logan: Cherie

- 1957: El *príncipe y la corista* de Laurence Olivier: Elsie Marina

- 1959: *Some Like It* Hot de Billy Wilder: Sugar Kane Kowalczyk

- 1960: *El multimillonario* (*Hagamos el amor*) de George Cukor: Amanda Dell

- 1961: *Los inadaptados* de John Huston: Roslyn Taber

- 1962: *Marilyn Monroe: Los últimos días (Something's Got to Give)* de George Cukor (inacabada): Ellen Wagstaff Arden

Claire Guibert prestó su voz a Marilyn en la mayoría de las versiones francesas de sus películas; la actriz también fue doblada por Mony Dalmès para *Les hommes préfèrent les blondes* y *Comment épouser un millionnaire*.

Canciones

A esta lista puede añadirse la famosa interpretación *en directo* de *Happy Birthday, Mr. President* con motivo del cumpleaños de John Fitzgerald Kennedy.

Publicaciones

- Marilyn Monroe (trad. Tiphaine Samoyault), *Fragments. Poèmes, écrits intimes, lettres*, París, Le Seuil, 2010, 264 p. (ISBN 978-2-02-102328-2)

- Marilyn Monroe y Ben Hecht (trad. del inglés), *Confession inachevée*, París, Robert Laffont, 2011, 240 p. (ISBN 978-2-221-12743-8)

Premios

- El 26 de junio de 1953, Marilyn Monroe y Jane Russell "inmortalizaron" las huellas de sus manos y pies en el patio del Teatro Chino de Grauman.

- La actriz también recibió su estrella de Hollywood en el Paseo de la Fama de Hollywood, en el número 6774 de Hollywood Boulevard, tras una ceremonia celebrada el 8 de febrero de 1960.

Premios

- Photoplay 1952: premio especial de la revista

- Photoplay 1953: la estrella femenina más popular de la revista

- Globos de Oro 1954: Premio Henrietta

- 1958 David di Donatello: Mejor actriz extranjera por *El príncipe y la bailarina*

- Estrellas de Cristal 1959: Mejor actriz extranjera por *El príncipe y la bailarina*

- Globos de Oro 1960: Mejor actriz por *Some Like It Hot*

- Globos de Oro 1962: Premio Henrietta

Citas

- British Academy Film Awards 1956: Mejor actriz por *Seven Years' Thinking*

- Globos de Oro 1956: Mejor actriz por *Bus Stop*

- British Academy Film Awards 1958: Mejor actriz por *El príncipe y la bailarina*

Homenajes póstumos

- En 1999, el American Film Institute la clasificó sexta entre las mejores actrices estadounidenses de todos los tiempos en *el AFI's 100 Years... 100 Stars*''' .

- En 2009, Marilyn Monroe ocupó el puesto n.º 1 en la lista de las *mujeres más sexys del cine de todos los tiempos de la cadena* estadounidense *TV Guide*.

- El asteroide (3768) Monroe fue bautizado en su honor.

- *Forever Marilyn es* una estatua gigante de Marilyn Monroe diseñada por Seward Johnson. La estatua es una representación de una de las imágenes más famosas de Monroe, tomada de la película de Billy Wilder *The Seven Year Itch*. Creada en 2011, se ha expuesto en varios lugares de Estados Unidos, así como en Australia. Ha causado polémica y ha sido objeto de vandalismo con pintura roja.

- Estatuas de cera en los museos Madame Tussauds, en Hollywood Boulevard, a la entrada del museo. Una estatua en 3377 S Las Vegas Blvd

#2001, Las Vegas, NV 89109, Estados Unidos, 234 W 42nd St, Nueva York NY 10036, Estados Unidos, una estatua de Marilyn en 1001 F St NW, Washington, DC 20004, Estados Unidos, Dam 20, 1012 NP Amsterdam Países Bajos, una estatua de Marilyn en Unter den Linden 74, 10117 Berlín, Alemania, una estatua de Marilyn en 87-89 Promenade, Blackpool FY1 5AA, Reino Unido, la estatua de Marilyn en Marylebone Rd, Londres NW1 5LR, Reino Unido, la estatua de Marilyn en Riesenradplatz, 1022 Viena, Austria, la estatua de Marilyn en 6th Floor, Siam Discovery, 989 Rama I Road, Bangkok 10330, Tailandia, la estatua de Marilyn en Shop P101, The Peak Tower, No. 128 Peak Road, The Peak, Hong Kong, la estatua de Marilyn en Odaiba 1-6-1 Decks Tokyo Beach Island Mall 3FMinato-ku, Tokio, 135-0091, Japón, la estatua de Marilyn en 10/F, New World Building, No.2-68 Nanjing Xi Road, Shanghai , China, una estatua de Marilyn en Madame Tussauds Wuhan 21 Han Street 430000, Wuhan, China, una estatua de Marilyn en Aquarium Wharf, Darling Harbour/Wheat Rd, Sydney NSW 2000, Australia.

- Una estatua de Marilyn en la ciudad natal de su abuelo paterno. Por la genealogía familiar del padre de Marilyn (suponiendo que fuera realmente su padre), sabemos que su abuelo paterno, Martin Mortensen, nació en Haugesund, una ciudad portuaria de la costa oeste de Noruega, entre Stavanger y Bergen. Es posible que el padre de Marilyn, Martin Edward Mortensen, también viviera allí, aunque nació en California. A lo largo del puerto puede verse una estatua en homenaje a la estrella y sus raíces.

Obras inspiradas por el artista

Estatuas

Monroe ha sido objeto de una estatua en Holywood, titulada *Forever Marilyn*, que ha suscitado mucha polémica por su carácter provocativo, hasta el punto de que incluso ha sido objeto de vandalismo con pintura roja. La estatua es una representación de una de las imágenes más famosas de Monroe, tomada de la película de Billy Wilder *The Seven Year Itch.*

Artes gráficas

Marilyn Monroe ha sido representada por muchos pintores y artistas pop, entre ellos :

Teatro

- 1964: *Después de la* caída, obra en dos actos de Arthur Miller, dirigida por Elia Kazan y protagonizada por Barbara Loden.

- 2004: Finishing *the Picture*, obra en dos actos de Arthur Miller, dirigida por Robert Falls, protagonizada por Frances Fisher

- 2011: *Norma Jeane,* obra en dos actos de John Arnold basada en la novela de Joyce Carol Oates, dirigida por el autor, con Marion Malenfant

- 2011: *Norma Jeane*, obra de Pierre Glénat

- 2014: *Fragmentos* de y dirigidos por Samuel Doux, basados en la correspondencia de la actriz, con Lolita Chammah.

- 2015 : *Bombshell*, un musical de Marc Shaiman y Scott Wittman basado en la serie de televisión *Smash*, protagonizado por Megan Hilty.

- 2022 : *Le Vertige Marilyn* de Olivier Steiner, dirigida por Olivier Steiner y Emmanuel Lagarrigue con Isabelle Adjani en el papel.

- 2023: *Bungalow 21* de Éric-Emmanuel Schmitt, dirigida por Jérome Lippman y protagonizada por Emmanuelle Seigner.

Por ella misma

- 2010: *Fragmentos*, correspondencia - cartas y poemas

- 2011: *Confesión inacabada*, autobiografía

Por otros autores

- 1962: *Marilyn et moi* de Susan Strasberg, novela autobiográfica

- 1966: *The Prince, the Showgirl, and Me: Six Months on the Set with Marilyn and Olivier*, de Colin Clark, novela autobiográfica.

- 2000: *Blonde* de Joyce Carol Oates, biografía ficticia

- 2006: *Marilyn, dernières séances de* Michel Schneider', **novela - Ganadora del Prix Interallié**

- 2006: *Norma,* novela, de Daniel Charneux, novela - Ganadora del Premio Charles Plisnier

- 2012: *Une semaine avec Marilyn* de Colin Clark, novela autobiográfica

- 2015 : *La Drôle de vie de Zelda Zonk* de Laurence Peyrin, novela - Ganadora del Prix Maison de la Presse.

- 2022: *Musée Marilyn* de Anne Savelli, publicado por Inculte, 2022.

Novela gráfica

- *Holy Wood - Portrait fantasmé de Marilyn Monroe*, guión y dibujo de Tommy Redolfi, 256 páginas, La Boîte à bulles, 2016.

Otros libros de United Library

https://campsite.bio/unitedlibrary

Milton Keynes UK
Ingram Content Group UK Ltd.
UKHW020256221123
432980UK00018B/1309